TABLETTES
CHRONOLOGIQUES
DES
RÉVOLUTIONS
DE
L'EUROPE.

Du citoyen KOCH, Membre de l'institut national.

A STRASBOURG,

se vend chez ANDRÉ ULRICH, Imprimeur, rue dite Salz-
mannsgasse, N.º 6; à Paris, chez DUGOUR, Libraire,
rue et hôtel serpente; et à Bâle, chez J. DECKER.

An VI de la Republique (1798).

AVERTISSEMENT.

———

Cɛs tablettes présentent les époques des révolutions de l'Europe; celles de l'origine, du progrès et de la chûte des empires, des royaumes, des républiques de cette partie intéressante du globe. On les a mis dans un format à servir de *Vade mecum* à ceux qui, en étudiant l'histoire, voudront mettre de l'ordre dans leurs idées et se ménager des points fixes, propres à y asseoir leur jugement. Ils y trouveront, outre les époques des grands événemens qui ont influé sur le sort de toute l'Europe, et amené l'ordre politique actuel, celles des révolutions que chaque état a éprouvées en son particulier; et quoiqu'en publiant ces tablettes, nous n'ayons eu proprement en vue que de retracer les événemens qui se sont passés en Europe depuis le bouleversement de l'empire Romain dans le

cinquième siècle, nous avons néanmoins jugé
convenable d'y rappeler également les épo
ques les plus mémorables de l'histoire an-
cienne ; afin d'établir un fil d'événemens
depuis les temps les plus reculés jusqu'à nos
jours.

TABLETTES
DE L'HISTOIRE ANCIENNE.

Ans du mond.	Ans de Rome.	
1656		Déluge.
2421		Ère Attique. Cécrops.
2720		Expédition des Argonautes.
2794		Siège de Troie par les Grecs.
3000		Salomon, roi des Juifs. Sésostris.
3119		Fondation de la ville de Carthage.
3226		Ère vulgaire des Olympiades.
3234		Monarchie des Assyriens, fondée par Phul.
3249		Fondation de la ville de Rome.
3255		Ère de Nabonassar.
3270		Destruction du royaume de Samarie par les Assyriens.
3463		Prise de Babylone, par Cyrus. Monarchie des Perses.
3493	245	Origine de la république Romaine. Ère des Consuls.
3571		Guerre du Peloponnése. Thucydide.
3672		Fin des Perses. Monarchie d'Alexandre le Grand.
3690		Ère des Séleucides.
3697		Partage de la monarchie d'Alexandre en trois empires; ceux de Macédoine, de Syrie et d'Égypte.

Ans du mond.	Ans de Rome.	Ans de J. C.	
3738	490		Première guerre Punique.
3835	587		Fin du royaume de Macédoine.
3856	608		Destruction de Carthage. Sac de Corinthe.
3936	688		Fin du royaume de Syrie.
3962			Ère d'Espagne.
3971	723		Bataille d'Actium. Fin de la république Romaine. Auguste premier empereur.
3972	724		Fin du royaume d'Egypte.
4000	752		Naissance de Jésus - Christ.
4004			Ère Dionysienne ou vulgaire de J. Ch.
		284	Ère de Dioclétien ou des martyrs.
		324	Introduction du christianisme dans l'empire Romain.
		330	Translation du siége de l'empire à Bysance.
		395	Partage de l'empire en oriental et occidental.
		406	Invasion des Vandales, Suèves et Alains dans la Gaule.
		476	Bouleversement de l'empire Romain en occident.

TABLETTES

DE

L'HISTOIRE DU MOYEN AGE,

Ans de J. C.	
406	Invasion des Vandales, Suèves et Alains dans la Gaule.
415	Prise de Barcellonne par les Visigoths. Origine de leur monarchie en Espagne.
427	Origine du royaume des Vandales en Afrique.
428	Passage du Rhin par les Francs. Origine de la France dans la Gaule.
449	Passage des Anglo-Saxons dans la Brétagne.
451	Bataille de Châlons-sur-Marne contre les Huns. Les Romains, Francs et Visigoths réunis contre Attila.
452	Fondation de Venise.
476	Odoacre s'empare de Rome et de l'Italie. Origine du royaume des Hérules.
486	Clovis s'érige en conquérant des Gaules. Victoire de Soissons sur les Romains.
493	Conquête de l'Italie par les Ostrogoths. Fin du royaume des Hérules.
496	Victoire de Tolbiac par Clovis; destruction de la puissance des Allemands.
507	Victoire de Vouglé sur les Visigoths.

531	Destruction du royaume des Thuringiens en Allemagne, par les fils de Clovis.
534	Le royaume des Bourguignons dans la Gaule, détruit par les fils de Clovis.
—	Le royaume des Vandales anéanti par Justinien.
553	Fin du royaume des Ostrogoths. Les Grecs maîtres de l'Italie.
568	Origine du royaume des Lombards en Italie.
—	Les Avares s'emparent de la Panonie.
584	Fin du royaume des Suèves dans la Galice. Les Visigoths maîtres de l'Espagne.
622	Ère de l'Hégyre. Origine de la religion et de l'empire de Mahomet.
687	Victoire de Testry. Pépin d'Héristal devient maître de la monarchie des Francs, à titre de Duc et Prince des Francs.
711	Les Arabes font la conquête de l'Espagne.
730	Les Romains s'érigent en république sous l'autorité du Pape. Première origine de l'etat ecclésiastique.
732	Victoire de Poitiers sur les Arabes, par Charles Martel fils de Pépin d'Héristal.
752	Pepin le Bref, fils de Charles Martel, élu roi des Francs et sacré à Soissons. Avénement des Carlovingiens.
756	Le Pape mis en possession de l'Exarquat, par Pepin le Bref.
—	Origine du Califat de Cordoue.

774	Fin du royaume des Lombards. Les Francs maîtres de l'Italie. Charlemagne, patrice des Romains.
796	Conquête de la Panonie par Charlemagne. Destruction du royaume des Avares.
800	Couronnement de Charlemagne à Rome. Renouvellement de la dignité impériale en occident.
803	Les Saxons se soumettent à Charlemagne et embrassent le christianisme.
827	Fin de l'Heptarchie. Egbert le Grand roi de toute l'Angleterre.
843	Paix de Verdun; partage de la monarchie des Francs. Origine du royaume de France sous Charles le Chauve. Origine du royaume d'Allemagne sous Louis le Germanique.
850	Alfonse I, dit le Catholique, fondateur du royaume de Léon.
855	Origine du royaume de Lorraine, sous Lothaire II.
858	Origine du royaume de Navarre, sous Dom Garcie.
862	Fondation de la monarchie des Russes, par Ruric.
877	Introduction du système feodal en France, par Charles le Chauve.
879	Fondation du royaume de Bourgogne cis-jurane, par Boson.
880	Schisme des Grecs.
883	Les Hongrois se fixent sur le Danube, sous la conduite d'Arpad.
887	Les Allemands rendent leur couronne élective.

888	Démembrement final de la monarchie des Francs, à la mort de Charles le Gros.
—	Fondation du royaume de Bourgogne trans-jurane, par Rodolphe.
890	Borziwoy, Duc de Bohême, se fait baptiser.
900	Les Hongrois occupent la Panonie avec une partie du Noricum.
912	Traité de St. Clair-sur-Epte. Rollon ou Rolf le Normand déclaré Duc de Normandie.
918	Avenement de la maison de Saxe au trône d'Allemagne.
924	t rruption de la dignité impériale, à la mort de Berenger I.
925	Réunion du royaume de Lorraine, par Henri I, roi d'Allemagne.
930	Les deux royaumes de Bourgogne fondus en un seul.
933	Bataille de Mersebourg; défaite des Hongrois par les Allemands.
962	Réunion de l'Italie par Otton le Grand. Renouvellement de la dignité impériale; origine de l'empire d'Allemagne.
965	Harald Blaatand, roi de Danemarc, introduit le christianisme.
966	Mieczyslaw I, Duc de Pologne, se fait chrétien.
983	Introduction du christianisme en Hongrie.
987	Avénement des Capetiens au trône de France.
988	Wladimir le Grand, grand-duc de Russie, se fait baptiser à Cherson. Les Russes embrassent le rit grec.

1000	St. Étienne se fait couronner roi de Hongrie.
1001	Olof Skotkonung embrasse le christianisme et prend le titre de roi de Suede.
1014	Canut le Grand. Affermissement du christianisme en Danemarc.
—	Bérold ou Béraud, des comtes de Walbeck, tige de la maison de Savoie.
1015	Commencement des partages de Russie, à la mort de Wladimir le Grand.
1017	Conquête de l'Angleterre par les Danois.
1024	Avénement de la maison Salique au trône de l'empire.
1030	Demembrement du Califat de Cordoue. Decadence des Mahometans en Espagne.
1032	Le royaume de Bourgogne passe sous la souveraineté de l'empire, à la mort de Raoul le Fainéant.
1035	Partage des etats de Sanche le Grand, en royaumes de Navarre, de Castille et d'Aragon.
1038	Fondation de l'emp. des Turcs Seljoucides, par Togrulbeg.
1042	Les Danois chassés de l'Angletetre.
1043	Cession de la Panonie jusqu'à la Leitha, par les Hongrois. Grandeur des Allemands.
1048	Gerard d'Alsace, premier duc hereditaire de la Lorraine Mosellane; tige de la maison de Lorraine.
1059	Robert Guiscard le Normand, cree duc de la Pouille et de la Calabre, se rend vassal du Pape.
1061	Fondation de l'empire des Almoravides par Aboubekr.

1056	Bataille de Hastings. Conquête de l'Angleterre par Guillaume le Conquérant.
1071	L'empire grec, en Asie mineure, envahi par les Turcs Seljoucides.
—	Guelph, tige de la maison de Brunswic, créé duc de Bavière.
1074	Grégoire VII attaque les investitures laïques et les mariages des prêtres. Origine de la nouvelle puissance des Papes et du systeme de Rome.
1080	Fondation de l'ordre des Chartreux; multiplication des ordres religieux.
1085	Conquête de Tolede et de Madrid par Alfonse VI, roi de Castille.
1087	Première guerre entre la France et l'Angleterre. Origine de la rivalite entre les deux nations.
1094	Henri de Bourgogne, de la maison de France, crée Comte de Portugal.
1095	Concile de Clermont; commencement des croisades.
1099	Fondation du royaume de Jérusalem par Godefroy de Bouillon, chef de la première croisade.
1100	Fondation de l'ordre de St. Jean de Jerusalem.
1106	Les villes d'Italie s'erigent en requbliques; origine des Communes.
—	Godefroy comté de Louvain, premier duc héréditaire de la basse Lorraine et tige des maisons de Brabant et de Hesse.

Renaissance

1115	Renaissance du droit romain en Italie.
1120	Fondation de l'empire des Almohades, par Abdal-moumen.
1122	Concordat entre l'empereur Henri V et le Pape Calixte II.
1127	Les ducs de Zaringue créés régens du royaume de Bourgogne.
1130	Roger II, premier roi des deux Siciles.
1138	Avénement de la maison de Hohenstaufen au trône de l'empire.
—	Commencement des partages de Pologne, à la mort de Boleslas III.
1139	Bataille d'Ourique. Alfonse I, fils du comte Henri, proclamé roi de Portugal.
1147	Croisade de l'empereur Conrad III et de Louis VII, dit le jeune, roi de France.
1152	Décret de Gratien.
1154	Henri II, roi d'Angleterre. Avénement des Plantagenets ou Angevins.
1157	Conquête de la Finlande par les Suédois.
—	Albert l'ours, marggrave du Nord, prend Brandebourg; origine du marggraviat de ce nom.
1164	La Sardaigne érigée en royaume.
1167	Ligue des villes de Lombardie, opposée à l'empereur Frédéric I.
1172	Conquête de l'Irlande, par Henri II, roi d'Angleterre.
1180	Chûte de la maison des Guelphes. Avénement de la

	maison de Wittelsbach au duché de Bavière, et de la maison Ascanienne au duché de Saxe. -
1187	Destruction du royaume de Jérusalem, par Saladin.
1189	Croisade de l'empereur Frédéric le Barberousse, de Philippe-Auguste, roi de France, et de Richard cœur de Lion, roi d'Angleterre.
—	Avenement de la maison de Hohenstaufen au trône des deux Siciles.
1191	Fondation de l'ordre Teutonique.
1198	La Bohême erigée en royaume.
1200	Première mention de la boussole.
—	L'université de Paris composée de quatre facultés ; origine des universités.
1201	Fondation de l'ordre des chevaliers porte-glaive de Livonie.
—	Construction de la ville de Riga.
1202	Quatrième croisade, sous la conduite de Boniface, Marquis de Montferrat.
1204	Prise de Constantinople par les croisés ; démembrement de l'empire grec ; origine de l'empire des Latins à Constantinople, des empires Grecs de Nicée et de Trébisonde.
—	Commission établie en Languèdoc pour juger les hérétiques ; première origine de l'inquisition.
1206	Tschinghiskhan s'érige en conquérant ; fondation de l'empire des Mongols.
1212	Bataille d'Ubéda, défaite des Almohades d'Afrique.

1214	Le palatinat du Rhin entre dans la maison de Wittelspach.
1215	Grande charte du roi Jean sans terre; base de la constitution d'Angleterre.
1217	Croisade d'André II roi de Hongrie.
1218	Extinction des ducs de Zaringue. La Suisse devient province immédiate de l'empire.
1222	Charte ou decret du roi André II; base de la constitution hongroise.
1227	Bataille de Bornhoved. Le roi Waldemar II de Danemarc, perd ses conquêtes de la Baltique.
1228	Croisade de l'empereur Frederic II.
1230	L'ordre Teutonique établi dans la Prusse.
—	Conquête de la Courlande par les chevaliers de Livonie.
1235	Decrétales de Grégoire IV.
—	Erection du duché de Brunswic, en faveur de la maison des Guelphes.
1236	Renouvellement de la ligue de Lombardie contre l'empereur Fréderic II.
—	Conquête du royaume de Cordoue par les Castillans.
1237	Conquête de la Russie par Batou-Khan.
1241	Origine de la ligue hanséatique.
1243	Premier échantillon du papier de linge, dans une charte de l'empersur Fredéric II.
1247	Extinction des anciens Landgraves de Thuringe; la Hesse dévolue à la maison de Brabant.
1248	Croisade de St. Louis, roi de France.

1250	Fin des Ayoubites ; commencement des Mamelucs en Egypte.
—	Avénement des rois Folkungiens en Suède.
—	Origine de la republique de Florence.
1254	Avenement des empereurs de differentes maisons en Allemagne.
1256	Affranchissement des serfs à Bologne en Italie.
1261	Fin de l'empire des Latins. Michel Paleologue empereur de Constantinople.
1265	Réserve des bénefices vacans en cour de Rome par la mort des benéficiers ; première réserve generale.
—	Avénement des Angevins au royaume des deux Siciles.
—	Les Communes d'Angleterre admises au parlement.
1268	Conradin décapite à Naples. Extinction de la maison de Hohenstaufen ; la Suabe et la Franconie deviennent provinces immédiates de l'empire.
1273	Rodolph de Habsbourg, restaurateur de l'empire et tige de la nouvelle maison d'Autriche ; époque des sept électeurs privatifs.
1282	Vêpres Siciliennes. Le royaume de Sicile passe aux rois d'Aragon.
—	Conquête du pays de Galles par l'Angleterre.
—	La maison de Habsbourg acquiert les duchés d'Autriche.
1289	Extinction de la race mâle des anciens rois d'Ecosse.
1290	Chûte de la république de Pise.
1291	Les Francs chassés de l'orient par les Mamelucs ; fin des croisades.

1294	Décadence de l'empire des Mongols.
1297	Tableau peint à l'huile de Thomas à Muttersdorf.
1298	Introduction de l'aristocratie hereditaire a Venise.
1300	Boniface VIII. Grandeur des Papes.
—	Fondation de l'empire Turc actuel par Ottoman.
1301	Fin de la race mâle des anciens rois de Hongrie avec André II. Avénement des Angevins de Naples.
1302	Le tiers-état admis aux états géneraux de France par Philippe le Bel.
1306	Siège des Papes à Avignon.
1308	Avénement de la maison de Luxembourg au trône de l'empire.
—	Première origine de la confédération helvétique.
1309	Fin des rois esclavons de Boheme. Avénement de la maison de Luxembourg.
—	Les villes d'empire admises à la diète; origine du collège des villes.
—	Marienbourg en Prusse devient chef-lieu de l'ordre Teutonique.
1310	Conquête de l'île de Rhodes par les chevaliers de l'ordre de St. Jean de Jerusalem.
1312	Le canon et la poudre employés par les Maures en Espagne.
—	La ville de Lyon passe sous la souveraineté française.
—	Extinction de l'ordre des Templiers au concile de Vienne.
1315	Ligue de Brunnen, base du système féderatif des Suisses.

1315	Affranchissement des serfs de la couronne, par Louis X, dit le Hutin, roi de France.
—	Matthieu Visconti de Milan s'érige en conquérant.
1320	Gedimin, grand-duc de Lithuanie, s'empare de Kiovie.
1320	La dignité royale rendue permanente en Pologne, depuis Uladislas Lokietek.
1326	La Sardaigne passe aux rois d'Aragon.
1328	Avénement des Valois en France.
—	Moscou devient le siége des gands-ducs de Russie.
1329	Traite de Pavie; origine des deux branches, palatine et de Baviere, de la maison de Wittelspach.
1335	La Pologne cède ses droits de haute souveraineté sur la Silesie en faveur des rois de Bohème.
1338	Edouard III, roi d'Angleterre, s'érige en prétendant à la couronne de France.
—	Union genérale des electeurs.
—	Loi de Francfort, établissant l'indépendance de l'empire à l'égard des Papes.
1340	Bataille de Tariffe en Espagne; grande défaite des Maures.
1345	Première mention de la poudre à canon en France.
—	Les principautés de Halitsch et de Wladimir, et toute la Russie rouge, envahies par les Polonois
1348	La ville d'Avignon vendue au Pape par la reine Jeanne I de Naples.
1349	Humbert II, dernier Dauphin de Viennois, transmet le Dauphiné à la France.

1349	Création du duché de Mecklenbourg.
1356	Bulle d'or de l'empereur Charles IV.
1360	Prise d'Andrinople par Amurath I.
1363	Philippe le Hardi tige des nouveaux ducs de Bourgogne.
1369	Timour, dit Tamerlan, nouveau conquérant Mongol.
1370	Etat florissant de la ligue hanséatique.
1371	Avénement des Stuarts au trône d'Ecosse.
1378	Grand Schisme d'occident.
1380	Défaite des Génois à Chiozza ; décadence de la république de Gênes.
—	Victoire du Tanaïs sur les Tatars, par Dimitry Iwanowitsch Donskoi.
1385	Bataille d'Aljubarota ; avénement de Jean le bâtard au trône de Portugal.
1386	Jagellon, grand-duc de Lithuanie, monte au trône de Pologne ; introduction du christianisme en Lithuanie.
1395	Création du duché de Milan.
1397	Union de Calmar des trois royaumes du nord, par la reine Marguerite.
1399	Avénement de la rose rouge en Angleterre.
1400	Jean Huss s'érige en réformateur en Bohême.
1402	Bataille d'Ancyre ; défaite de Bajazet I par Timour.
1406	Pise passe sous la domination des Florentins.
1409	Concile de Pise ; trois Papes.
1414	Concile de Constance ; décadence de la puissance pontificale.

1415	Prise de Ceuta par Jean le bâtard; commencemen de la navigation des Portugais.
—	Les Autrichiens dépouillés de leurs possessions en S uiss
1416	Creation du duché de Savoye.
1417	Fin du grand schisme d'occident. Election de Martin V
—?—	L'electorat de Brandebourg conféré à la maison d Hohenzollern, actuellement regnante.
1418	Commencement de la guerre des Hussites.
1420	Paix de Troyes en Champagne.
1423	Avénement de la maison de Misnie à l'électorat d Saxe.
1429	Apparition de la pucelle d'Orléans.
1430	Philippe le Bon, duc de Bourgogne, acquiert le Bra bant; grandeur des ducs de Bourgogne.
1431	Concile de Bâle.
1435	Paix d'Arras; décadence du parti anglois en France
1436	Invention de la mobilité des caractères, à Strasbourg, par Jean Gutenberg de Mayence.
1437	Dissolution du concile de Bâle par Eugène IV.
1438	Avénement de la maison d'Autriche au trône de l'empire.
—	Pragmatique sanction de Bourges.
1439	Déposition d'Eugéne IV; schisme de Bâle.
—	Concile de Florence; union des Grecs et des Latins.
—	Pragmatique sanction de Mayence.
1443	Le royaume de Naples passe aux Aragonois.
—	Scanderbeg ou George Castriota, héros chretien, vainqueur des Turcs.

445	Etablissement de la milice perpétuelle en France, sous Charles VII.
447	Avenement des Sforces au duché de Milan.
—	Concordat romain, entre les Allemands et le Pape Eugène IV.
448	Avénement de la maison d'Oldenbourg au trône de Danemarc.
—	Concordat de Vienne, entre le Pape Nicolas V et l'empereur Frederic III.
449	Fin du schisme de Bâle.
452	Guerre civile d'Angleterre entre les deux roses.
—	Création du duché de Modène
—	Invention de la fonte des caractères d'imprimerie, par Pierre Schœffer, à Mayence.
453	Expulsion des Anglois de la France.
—	Prise de Constantinople par Mahomet II. Fin de l'empire des Grecs.

TABLETTES

DE

L'HISTOIRE MODERNE.

1459	Les duchés de Sleswic et de Holstein passent à la maison d'Oldenbourg.
1461	Avénement de la rose blanche en Angleterre.
—	Fin de l'empire de Trébisonde.
1466	Paix de Thorn. La Prusse partagée entre la Pologne et l'Ordre Teutonique.
1472	Iwan Wasiliewitsch I secoue le joug des Tatars; grandeur naissante de la Russie.
1474	Réunion des royaumes de Castille et d'Aragon, par le mariage de Ferdinand le Catholique avec Isabelle de Castille; origine de la grandeur de l'Espagne.
1476	Batailles de Granson et de Morat; époque glorieuse des Suisses.
1477	Mort de Charles le Téméraire, dernier duc de Bourgogne, tué à la bataille de Nancy. Marie de Bourgogne épouse Maximilien d'Autriche; origine de la rivalité entre la France et l'Autriche.
1478	Introduction de l'inquisition en Espagne.
1481	Le comte de Provence passe aux rois de France.
1485	Réunion des deux roses par Henri VII. Avenement de la maison de Tudor en Angleterre.
1486	Découverte du Cap de bonne Espérance par Barthélemy Diaz.

1492	Decouverte de l'Amerique par Christophe Colon.
—	Conquête du royaume de Grenade par Ferdinand le Catholique. Fin de la domination des Maures en Espagne.
1495	Diéte de Worms. Paix publique perpétuelle établie en Empire. Erection de la chambre imperiale.
—	Expédition de Charles VIII, roi de France, au royaume de Naples.
1496	Mariage de l'archiduc Philippe avec Jeanne la folle, fille de Ferdinand le Catholique.
1498	Les Portugais abordent à Calicut, sous Vasquez di Gama. Nouvelle route maritime aux Indes. Décadence de la république de Venise.
1499	Paix de Bâle. Les Suisses maintiennent la possession de leur independance de l'Empire.
1500	Découverte du Bresil par les Portugais.
1504	Le royaume de Naples passe à l'Espagne.
1508	Ligue de Cambray contre les Venitiens.
1512	La maison d'Albret est dépouillee du royaume de Navarre, par Ferdinand le Catholique.
—	Diéte de Cologne. Etablissement du conseil aulique. Division de l'empire en dix cercles.
1516	Avénement de la maison d'Autriche à la monarchie espagnole, sous Charles Quint.
—	Paix perpetuelle de Fribourg entre la France et la Suisse.
1517	Luther et Zwingle s'erigent contre les indulgences de Léon X. Origine de la réformation.

1517	Victoire d'Alep par Selim I. Fin de l'empire des Mamelucs.
—	Invention des pistolets et fusils à ressort.
1519	Élection de l'empereur Charles Quint. Origine des capitulations.
1520	Schisme de Luther.
1521	Mariage de Ferdinand d'Autriche avec Anne d'Hongrie. Origine des deux branches de la maison d'Autriche.
—	Prise de Belgrad par Soliman le Grand.
—	Conquête du Mexique par Ferdinand Cortez.
1522	Avénement de Gustave Vasa au trône de Suède. Fin de l'union de Calmar.
1523	Les chevaliers de St. Jean de Jérusalem dépouillés de l'île de Rhodes par les Turcs.
1525	Paix de Cracovie. La Prusse Teutonique érigée en duché et fief héréditaire de la Pologne, en faveur d'Albert de Brandebourg.
1526	Bataille de Mohacz. Les royaumes de Hongrie et de Bohème passent à la maison d'Autriche.
1527	Introduction du Lutheranisme en Suède et en Danemarc.
—	Mariage de Charles Quint avec Isabelle de Portugal.
1528	André Doria rétablit la republique de Gênes.
1529	Premier siége de Vienne, par Soliman le Grand.
—	Diete de Spire. Origine du nom de Protestans.
1530	Donation de l'île de Malthe, faite aux chevaliers de St. Jean de Jérusalem, par l'empereur Charles Quint.

Diete

1530	Diete d'Augsbourg. Confession de foi des Princes protestans, presentée à l'empereur Charles Quint.
—	Siége de Florence par les Imperiaux. Fin de la republique de Florence; Alexandre de Medicis premier duc de Florence.
1532	Fameux divorce de Henri VIII. Origine de la réformation en Angleterre.
1533	Conquéte du Perou par François Pizarro.
1535	Extinction des Sforzes; le duché de Milan passe à l'Espagne.
1540	Confirmation de l'ordre des Jésuites par le Pape Paul IV.
1541	Les Turcs se rendent maitres de Bude, capitale de la Hongrie.
1544	Paix de Crespy. Les Français renoncent à l'Italie.
1545	Les duchés de Parme et de Plaisance érigés en faveur d'Aloys Farnese, par le Pape Paul IV.
—	Concile de Trente.
1546	Guerre de Smalkalde.
1548	Diète d'Augsbourg. Charles Quint s'y montre en dictateur; les Pays-Bas mis sous la protection de l'empire.
1552	Traité de Chambord. Guerre de Maurice contre Charles Quint. Henri II, roi de France, s'émpare de Metz, Toul et Verdun.
—	Transaction de Passau.
—	Conquête de Casan et d'Astracan par Iwan Wasilie witsch II.

1553	Decouverte de la route d'Archangel par Richard Chanceller.
1555	Paix de religion en Empire ; la religion protestante et la liberte germanique maintenues contre Charles Quint.
1559	Introduction de la haute église en Angleterre, par la reine Elisabeth.
1560	Introduction du presbytérianisme en Ecosse.
—	Conjuration d'Amboise ; commencement des troubles de religion en France.
1561	Traité de Vilna. La Livonie cédée à la Pologne par l'ordre de Livonie ; Gotthard Kettler dernier grand-maître, creé premier duc de Courlande.
1566	Commencement des troubles des Pays-Bas.
1569	Grand-Duché de Toscane érigé en faveur de la maison de Medicis.
1571	Conquête de l'île de Chypre par Sélim II. Défaite des Turcs à Lépante ; decadence de la marine turque.
1572	Extinction des Jagellons. La couronne de Pologne devient purement élective ; origine des Pacta conventa.
1579	Traité d'union d'Utrecht ; base de la liberté des provinces unies des Pays-Bas.
1580	Le Portugal passe sous la domination espagnole.
—	Déclaration d'indépendance par les provinces unies des Pays-Bas.
1581	Découverte de la Sibérie.

1582	Paix de Kiewerowa-Horea; les Russes renoncent a la Livonie en faveur de la Pologne.
1583	Introduction du calendrier Grégorien.
1584	Premiers établissemens des Anglais dans l'Amérique septentrionale.
1588	Defaite de la flotte invincible; décadence de la monarchie espagnole.
1589	Extinction des Valois; avénement des Bourbons au trône de France.
1595	Les confederés des Pays-Bas commencent leur navigation aux Indes.
1598	Edit de Nantes; les protestans de France obtiennent le libre exercice de leur culte.
—	Extinction de l'ancienne race des Warègues en Russie; origine des troubles des faux Démétrius.
1600	Guerre entre la Suède et la Pologne pour la Livonie.
—	Origine de la compagnie anglaise des Indes orientales.
1602	Origine de la compagnie hollandaise des Indes orientales.
1603	Jacques VI, roi d'Ecosse, monte au trône d'Angleterre; avénement de la maison de Stuart.
1604	Conquête des îles Moluques par les confedérés des Pays-Bas.
1609	Trève d'Anvers entre les Espagnols et les confédérés des Pays-Bas.
1610	Expulsion des Maures ou Morisques de l'Espagne.
1613	Avénement le la maison de Romanow au trône de Russie.

1617	Paix de Stolbova entre la Suède et la Russie.; cession de l'Ingrie et de Kexholm à la Suède.
1618	Commencement de la guerre de trente ans.
—	La Prusse ducale passe à la branche electorale de Brandebourg.
1621	Renouvellement de la guerre entre les confederes des Pays-Bas et les Espagnols.
1625	Christian IV, roi de Danemarc, s'érige en défenseur de la liberté germanique.
1627	Proscription de la religion protestante en Bohême.
1628	Prise de La Rochelle par le cardinal Richelieu; abaissement du parti calviniste en France.
1629	Paix de Lübeck entre le roi de Danemarc et l'empereur Ferdinand II.
1630	Gustave-Adolphe, roi de Suède, entre en Empire; grandeur naissante de la Suede.
1634	Paix de Wiazma entre les Russes et les Polonais; cession de Smolensko etc. à la Pologne.
1635	Paix de Prague entre l'electeur de Saxe et l'empereur Ferdinand II; cession de la Lusace à la maison de Saxe.
—	La France prend part à la guerre de trente ans.
—	Origine de la colonie française de la Martinique.
1640	Les Portugais secouent le joug espagnol; avénement de la maison de Bragance.
1645	Paix de Bremsebro; la Suède obtient l'immunité du Sund et la cession des provinces de Jempteland, Herdalen, Halland, Oesel et Gothland.

1647	Les protestans d'Hongrie obtiennent le libre exercice de leur religion aux états de Presbourg.
1648	Paix particuliere de Münster entre les confederés des Pays-Bas et les Espagnols; la souveraineté des provinces unies reconnue par l'Espagne.
—	Paix de Westphalie signee à Munster et à Osnabrück; affermissement de la liberté germanique et du système de l'équilibre; l'indépendance des Suisses reconnue par les Etats d'Empire, cession de l'Alsace et de la souverainete des trois évêches à la France; cession d'une partie de la Pomeranie, de l'île de Rugen, de Wismar, Bremen et Verden à la Suede.
1649	Charles I, roi d'Angleterre, décapité; la royauté abolie en Angleterre.
1654	Abdication de la reine Christine en Suède; avénement des rois de la maison des Deux-Ponts.
—	Les Cosaques de l'Ukraine se soumettent a la Russie.
1655	Les Anglais font la conquête de la Jamaique sur les Espagnols.
1657	Traite de Vélau; la Prusse ducale est déclarée souveraineté libre et indépendante.
1658	Paix de Roschild entre la Suede et le Danemarc; cession de la Scanie, de la Bleckingie et du baillage de Bahus a la Suède.
1659	Paix des Pyrenees entre la France et l'Espagne; cession de l'Artois et du Roussillon, d'une partie

	de la Flandre, du Hainault et du Luxembourg a la France.
1660	Rappel des Stuarts en Angleterre.
—	Paix d'Oliva, entre la Suède et la Pologne; cession de la Livonie à la Suède.
—	Paix de Coppenhague qui confirme celle de Roschild. La souveraineté du Sleswic assurée au duc de Holstein-Gottorp.
—	Revolution du Danemarc; la succession héréditaire et le pouvoir absolu deférés au roi Fredéric III.
1663	Commencement de la diète perpétuelle de Ratisbonne.
1667	Trève d'Andrussow, entre la Russie et la Pologne; la Russie conserve Smolensko, Czernigow, Kiovie etc.
—	Guerre pour le droit de dévolution.
1668	Edit perpétuel. Suppression du Stadhoudérat par le parti républicain de la Hollande.
—	Triple alliance entre la Hollande, l'Angleterre et la Suède, pour la conservation des pays-bas espagnols.
—	Detrônement d'Alfonse VI, roi de Portugal.
—	Paix de Lisbonne entre l'Espagne et le Portugal; ce dernier royaume maintenu dans son indépendance à l'egard de la monarchie espagnole.
—	Paix d'Aix la Chapelle; cession de Douai, Lille etc. à la France.
1669	Paix de la Haye entre le Portugal et les Etats-Genéraux des provinces unies. Ces derniers conservent leurs conquètes aux Indes.

1669	Conquête de l'île de Candie sur les Vénitiens par les Turcs.
1672	Guerre de Hollande. Retablissement du Stadhoudérat en faveur de Guillaume III.
1673	Paix de Vossem entre l'électeur de Brandebourg et la France.
1674	Bataille de Seneffe par le Prince de Condé.
—	Campagne d'Alsace par Turenne.
1676	Paix de Zurawno entre la Pologne et les Turcs; cession de Kaminiec et de la Podolie aux Turcs.
1678	Paix de Nimegue entre la France, la Hollande et l'Espagne; cession de la Franche-Comte etc. à la France.
1679	Paix de Nimegue entre la France, l'empereur et l'empire.
1680	Chambres de réunion établies à Metz, Besançon et Brisac. Louis XIV s'empare de la totalité de l'Alsace.
—	Révolution de la Suède en faveur de la royauté.
1681	Strasbourg se rend par capitulation à la France, le 30 Septembre.
1683	Second siège de Vienne par les Turcs. Grande alliance contre les Turcs.
1684	Trève de Ratisbonne pour vingt ans. Louis XIV conserve les réunions faites jusqu'au 1 Août 1681.
1685	Victoire de Strigonie par le duc de Lorraine; prise de Bude sur les Turcs.
—	Révocation de l'edit de Nantes.

1686	Paix de Moscou entre les Russes et les Polonais ; cession définitive des provinces de Smolensko, de Czernigow, des Cosaques au de'à du Dneper et de Kiovie à la Russie.
1688	Guerre d'Allemagne ou du Palatinat.
—	Revolution d'Angleterre ; expulsion des Stuarts et du roi Jacques II.
1690	Bataille de Fleurus, par Luxembourg.
—	Bataille de Staffarde, par Catinat.
1691	Combat de Leuse, par Luxembourg.
—	Victoire de Salankemen, par le Prince Louis de Bade.
1692	Bataille de Steinkerque, par Luxembourg.
—	Erection du neuvième électorat, en faveur de la maison d'Hanovre.
1693	Bataille de Neerwinden ou de Landen.
—	Bataille de Marsaglia, par Catinat.
1696	Siège et prise d'Assoff par Pierre le Grand ; origine de la marine russe.
—	Paix de Turin entre la France et le duc de Savoye.
1697	Paix de Ryswic ; cession de Strasbourg ; cassation de toutes les réunions faites hors de l'Alsace. Le simultané conserve dans tous les endroits restitués.
—	Auguste II, élect. de Saxe, parvient au trône de Pologne.
—	Victoire de Zenta, par le Prince Eugène.
1698	Premier traité de partage entre la France, l'Angleterre et la Hollande. Joseph-Ferdinand, Prince electoral de Bavière, déclare héritier presomptif de la monarchie espagnole.

1699	Paix de Carlowitz entre l'Empereur, le Czar, les Polonais, les Venitiens et les Turcs, cession de l'Hongrie, excepté Temeswar, de la Transylvanie et de l'Esclavonie à l'Empereur; cession de Kaminiec et de la Podolie aux Polonais, de la Moree aux Venitiens, et de la ville d'Assow aux Russes.
1700	Second traité de partage entre la France, l'Angleterre et la Hollande. L'archiduc Charles déclaré heritier présomptif de la monarchie espagnole. Naples, Guipuscoa et la Lorraine adjuges au Dauphin.
—	Mort de Charles II, dernier mâle de la branche d'Autriche regnante en Espagne.
—	Commencement de la grande guerre du nord.
—	Paix de Traventhal entre la Suede et le Danemarc.
—	Bataille de Narva, par Charles XII.
1701	Philippe V, roi d'Espagne; avenement de la maison de Bourbon au trône d'Espagne. Guerre pour la succession d'Espagne.
—	L'électeur de Brandebourg prend le titre de roi de Prusse.
1702	Seconde interruption du Stadhoudérat à la mort de Guillaume III.
1703	Fondation de St. Petersbourg. Les Russes s'ouvrent la mer Baltique.
1704	Bataille de Hochstätt ou de Blindheim, par Marlborough et le Prince Eugène.
—	Deposition d'Auguste II, roi de Pologne; première

	élection de Stanislas Lesczinsky, par la protection de Charles XII.
1704	Prise de Gibraltar par les Anglais.
1706	Bataille de Ramillies, par Marlborough.
—	Bataille de Turin, par le Prince Eugène.
—	Paix d'Altranstett avec Charles XII. Auguste II renonce au trône de Pologne.
1708	Bataille d'Oudenarde.
—	Le duché de Mantoue confisqué par l'empereur au profit de la maison d'Autriche.
1709	Bataille de Malplaquet, par Marlborough.
—	Bataille de Pultava ; défaite de Charles XII par Pierre le Grand. Décadence de la Suede ; grandeur de la Russie.
1710	Conferences de Gertruydenberg.
1711	Preliminaires de paix entre la France et l'Angleterre.
—	Paix de Falczi sur le Pruth ; Pierre le Grand rend Assoff aux Turcs et renonce à la mer noire.
1712	Bataille de Denain, gagnee par Villars sur le Prince Eugène.
—	Paix de Constantinople entre les Russes et les Turcs.
1713	Paix d'Utrecht entre la France, l'Espagne et les alliés, à l'exception de l'empereur. La France et l'Espagne ne pourront jamais être réunies. Les Pays-Bas espagnols eriges en barrière contre la France. Les Pays-Bas espagnols, le royaume de Naples, la

	Sardaigne, le duché de Milan et les ports de Toscane cédés à l'empereur; la Sicile cédée au duc de Savoye; Gibraltar et Port-Mahon à l'Angleterre. Grandeur de l'Angleterre. Elevation de la maison de Savoye.
1713	Pragmatique sanction rélative à la succession de la maison d'Autriche.
—	Paix d'Andrinople, entre la Russie et la Porte.
1714	La maison de Holstein-Gottorp depouillée de sa portion du Sleswic par le roi de Danemarc.
—	Mort de la Reine Anne d'Angleterre; avénement de la maison d'Hanovre.
—	Paix de Rastatt et de Bade entre la France, l'empereur et l'empire. Cession de Landau à la France.
1715	Traité de barrière signé à Anvers entre l'empereur et les Hollandais.
—	Conquête de la Morée par les Turcs sur les Venitiens.
1716	Victoire de Peterwaradin par le Prince Eugène.
1717	Victoire de Belgrad.
1718	Quadruple alliance. La Sicile donnée à l'empereur; la Sardaigne au duc de Savoye; l'expectative du grand-duché de Toscane et des duchés de Parme et de Plaisance assurée à Don Carlos.
—	Paix de Passarowitz, entre l'empereur, les Venitiens et les Turcs. Temeswar et Belgrad cédés à l'empereur.
1719	Paix de Stockholm entre la Suède et le roi de la Grande-Bretagne; cession de Bremen et Verden par la Suède.

1720	Paix de Stockholm entre la Suède et le roi de Prusse; cession de Stettin et de la Poméranie entre l'Oder et la Peene.
—	Paix de Stockholm et de Fridrichsbourg entre la Suède et le Danemarc ; la Suède renonce à l'immunité du Sund et à la protection du duc de Holstein-Gottorp.
—	Nouvelle forme de gouvernement en Suède; limitation du pouvoir royal.
—	Le duc de Savoye prend possession de la Sardaigne.
—	Paix perpétuelle de Constantinople entre les Russes et les Turcs.
1721	Congrès de Cambray.
—	Paix de Nystett; cession de la Livonie, de l'Ingrie et de la Carélie à la Russie. La Russie puissance dominante dans le nord.
—	Le Czar Pierre le Grand prend le titre d'empereur.
1722	Erection de la compagnie d'Ostende.
1725	Première paix de Vienne entre l'empereur et le roi d'Espagne.
—	Alliance de Vienne.
—	Alliance d'Hanovre.
1727	Prélim. de Paris; suspension de la compagnie d'Ostende.
1728	Congrès de Soissons.
1729	Paix de Séville, entre l'Espagne, la France, l'Angleterre et la Hollande.

Traité

1731	Traité d'alliance de Vienne entre l'empereur, l'Angleterre et la Hollande : l'empereur renonce à la compagnie d'Ostende.
—	Extinction de la maison de Farnèse. Don Carlos duc de Parme et de Plaisance.
1733	Mort d'Auguste II, roi de Pologne ; élection de Stanislas Lesczinsky.
—	Guerre de Pologne.
1734	Batailles de Bitonto, de Parme et de Guastalle.
1735	Arrivee d'un corps russe de 10,000 hommes sur le Rhin.
1736	Guerre entre la Russie, l'empereur et la Porte.
1737	Mort de Jean Gaston, dernier grand-duc de Toscane de la maison de Medicis.
1738	Paix définitive de Vienne : cession de la Lorraine à la France ; du royaume des deux Siciles à Dom Carlos ; du grand-duché de Toscane au duc de Lorraine ; de Parme et de Plaisance à l'empereur ; du Novarois et du Tortonois au roi de Sardaigne ; garantie de la pragmatique sanction autrichienne par la France.
1739	Paix de Belgrad entre l'empereur, la Russie et les Turcs : Belgrad, la Servie et la Wallachie autrichienne rendues aux Turcs ; les Russes restituent leurs conquêtes et renoncent à la mer noire.
1740	Mort de Charles VI ; fin de la descendance mâle de la maison d'Habsbourg-Autriche.
—	Guerre pour la succession d'Autriche.

1741	Bataille de Molwitz, par le roi de Prusse.
—	Guerre entre la Russie et la Suede.
1742	Convention de Turin entre Marie-Thérèse et le roi de Sardaigne.
—	Bataille de Czaslau, par le roi de Prusse.
—	Paix de Breslau et de Berlin · cession de la Silésie au roi de Prusse.
—	Election de l'empereur Charles VII.
1743	Armée pragmatique ; bataille de Dettingen.
—	Paix d'Abo entre la Russie et la Suede : cession d'une partie de la Finlande par la Suede.
—	Traite d'alliance de Worms entre la reine de Hongrie et le roi de Sardaigne.
1744	Traité d'union de Francfort. Le roi de Prusse recommence la guerre. La France déclare la guerre à la reine et attaque les Pays-Bas.
1745	Mort de l'empereur Charles VII. Paix de Fuessen entre Marie-Thérèse et le nouvel electeur de Baviere.
—	Bataille de Fontenoy, par le marechal de Saxe.
—	Bataille de Hohenfriedberg, par le roi de Prusse.
—	Election de l'empereur François I ; avénement de la maison de Lorraine-Autriche au trône de l'empire.
—	Bataille de Sorr ou de Trautenau, par le roi de Prusse.
—	Bataille de Kesselsdorf, par le Prince de Dessau.
—	Paix de Dresde entre la reine, le roi de Prusse et l'electeur de Saxe, confirmative des traités de Breslau et de Berlin.

Ans.	Mois.	
1746	11 oct.	Bataille de Raucoux, par le maréchal de Saxe
1747	17 avi.	Invasion des Français dans les Pays Bas hollandais ; second ietablissement du Stadhouderat.
—	2 juil.	Bataille de Lawfeld, par le maréchal de Saxe.
1748	1 juil.	Arrivée d'une armée russe en Franconie.
—	18 oct.	Paix d'Aix-la-Chapelle entre la France, l'Angleterre et la Hollande . les duches de Parme et de Plaisance cedes a Dom Philippe, Infant d'Espagne ; cession du Pavesan et du comté d'Anghiera au roi de Sardaigne.
1751	. . .	Adolphe-Fredéric, roi de Suede ; avenement de la maison de Holstein - Gottorp au trône de Suede.
1755	. . .	Guerre entre la Franee et l'Angleterre.
—	1 nov.	Tremblement de terre de Lisbonne.
1756	1 mai	Traité d'alliance de Versailles entre la France et la maison d'Autriche.
—	août.	Invasion du roi de Prusse en Saxe.
—	1 oct.	Bataille de Lowositz.
1757	. . .	L'empire, la France, la Suède, la Russie réunis à la maison d'Autriche et à l'electeur de Saxe contre le roi de Prusse.
—	6 mai	Bataille de Prague, par le roi de Prusse.
—	18 juin	Bataille de Cohn, par le marechal Daun.
—	26 juil.	Bat. de Hastenbeck, par le maréchal d'Estrées.

—	30 août	Bataille de Jægersdorf, par le maréch. Apraxin.
—	10 sept.	Convention de Closterseven, par Richelieu.
—	5 nov.	Bataille de Rosbach, par le roi de Prusse.
—	22 nov.	Bataille de Breslau, par le Prince de Lorraine.
—	5 déc.	Bataille de Lissa, par le roi de Prusse.
1758	23 juin	Bataille de Crevelt, par le Prince Ferdinand de Brunsvic.
—	25 août	Bataille de Zorndorf, par le roi de Prusse.
—	14 oct.	Bataille de Hochkirchen', par le maréch. Daun.
—	13 avril	Bataille de Bergen, par le maréch. de Broglie.
1759	6 juil.	Bataille de Zullichau, par Soltikof.
—	1 août	Bataille de Minden, par le Prince Ferdinand.
—	12 août	Bataille de Kunnersdorf ou de Francfort, par Soltikof.
—	13 sept.	Victoire de St. Charles proche Québec, par le général Wolf; mort de ce général.
1760	15 août	Bataille de Liegnitz, par le roi de Prusse.
—	3 nov.	Bataille de Torgau, par le roi de Prusse.
1761	15 août	Pacte de famille entre les différentes branches de la maison de Bourbon.
1762	janv.	Rupture entre l'Angleterre, l'Espagne et le Portugal.
—	5 janv.	Mort de l'impératrice Elisabeth. Pierre III empereur; avénement de la maison de Holstein-Gottorp au trône de Russie.
—	5 mai	Paix de Petersbourg entre la Russie et le roi de Prusse.

1762	22 mai	Paix de Hambourg entre la Suede et le roi de Prusse.
—	30 août	Bataille de Johannisberg, par les maréchaux d'Estrees et de Soubise.
—	29 oct.	Bataille de Freyberg, par le Prince Henri de Prusse.
1763	10 fevr.	Traites de paix de Paris et de Londres entre la France, l'Espagne, le Portugal et l'Angleterre : cession du Canada par la France et de la Floride par l'Espagne.
—	15 fevr.	Traite de paix de Hubertsbourg entre Marie-Therèse, le roi de Prusse et l'electeur de Saxe.
1767	22 avr.	Traité provisionnel d'échange de Coppenhague entre l'imperatrice de Russie et le roi de Danemarc.
1768	octobre	Guerre entre la Russie et la Porte, à l'occasion des troubles de la Pologne.
1770	7 juil.	Destruction de la flotte turque dans le port de Tschesme par les Russes.
1772	5 août	Premier traité de partage de la Pologne. la Prusse polonaise avec une partie de la grande Pologne adjuges au roi de Prusse, les royaumes de Gallicie et de Lodomerie a la maison d'Autriche ; la Livonie polonaise avec une partie de la Lithuanie à la Russie.

1772	19 et 21 août	Révolution de Stockholm; nouvelle extension du pouvoir royal en Suede.
—	. . .	Congrès de Foksany et de Boccarest, aux mois d'août et d'octobre.
1773	1 juin	Traité définitif d'echange du duché de Holstein Gottorp contre les comtés d'Oldenbourg et de Delmenhorst, signe à Czarskoe-Selo.
—	21 juil.	Suppression de l'ordre des Jesuites par le Pape Clément XIV.
1774	—	Paix de Koutschouc-Kaynardgi entre les Russes et les Turcs. les Tatars de la Crimee et du Cuban déclarés independans de la Porte; Asoff, Kertsch, Jénikale, Kinbourn et le pays entre l'embouchure du Boug et du Dnepr cédes à la Russie.
—	29 déc.	Le comté d'Oldenbourg érigé en duché.
1775	7 mai	Convention entre l'Autriche et la Porte sur la cession de la Bukowine.
—	14 août	Fin de la république des Cosaques Saporogues.
1776	. . .	Le calendrier grégorien adopté par le corps évangelique.
—	4 oct.	Acte de confédération et d'union entre onze colonies anglaises de l'Amérique septentrion.
1777	28 mai	Alliance de 50 ans entre les Suisses et la France.
—	30 dec.	Mort du dernier électeur de Baviere.
1778	3 janv.	Convention entre la cour de Vienne et l'électeur palatin sur la succession de la Baviere.

1778	6 févr.	Traité d'alliance et de commerce entre la France et les treize colonies de l'Amerique septentrionale. Guerre entre la France et l'Angleterre.
—	juillet	Guerre pour la succession de la Baviere entre la maison d'Autriche et le roi de Prusse.
—	9 juil.	Nouvel acte de confederation entre les treize colonies americaines.
—	27 juil.	Combat naval d'Ouessant.
1779	21 mars	Convention explicative de Constantinople entre les Russes et les Turcs.
—	13 mai	Paix de Teschen entre l'impératrice reine et le roi de Prusse : cession de la partie de la Baviere entre la Salza, l'Inn et le Danube à la maison d'Autriche.
—	juin et juillet	Les Espagnols prennent part à la guerre d'Amerique.
1780	9 juil. et 1 août	Convention pour la neutralité armée entre l'impératrice de Russie et les rois de Danemarc et de Suede.
1781	· · ·	Les Hollandais entraînés dans la guerre d'Amér.
1782	sept.	Déclaration d'independance des états-unis de l'Amerique, par l'Angleterre.
1783	3 sept.	Paix definitive de Versailles entre l'Angleterre, la France et l'Espagne : le port de Dunkerque rendu libre, l'île de Minorque et la Floride cedées à l'Espagne.

1783	3 sept.	Paix définitive de Paris entre l'Angleterre et les états-unis de l'Amérique.
—	. . .	Abdication du Khan de la Crimée, la Crimée passe sous la domination de la Russie avec le Kuban.
1784	8 janv.	Convention de Constantinople entre la Russie et la Porte, confirmative de la cession de la Crimée.
—	20 mai	Paix définitive de Paris entre l'Angleterre et la Hollande : cession de Negapatnam à l'Angl.
1785	23 juil.	Confédération germanique, signée à Berlin, contre le projet d'échange de la Bavière.
—	12 oct.	Abolition de la nonciature en empire.
—	8 nov.	Paix définitive de Fontainebleau entre l'empereur et les provinces unies des Pays-Bas : la fermeture de l'Escaut maintenue.
—	10 nov.	Alliance entre la France et les provinces unies des Pays-Bas.
1787	1 janv.	Edit de l'emper. sur le gouvernement général des Pays-Bas ; origine des troubles des Pays-Bas.
—	11 janv	Premier traité de commerce entre la France et la Russie.
—	. . .	Entrée des Prussiens dans la Hollande ; rétablissement du Stadhoudérat héréditaire.
1788	. . .	Guerre des Turcs contre les Russes et leur allié l'empereur.

1788	15 avr.	Alliance défensive entre les Provinces unies, l'Angleterre et la Prusse.
—	. . .	Guerre de la Suede contre la Russie.
—	17 dec.	Prise d'Oczakow par les Russes.
1789	3 avr.	Acte de sureté rédige à la diète de Stockholm; nouvelle extension du pouvoir royal.
—	5 mai	Ouverture des états-généraux de France.
—	17 juin	Formation de l'assemblée nationale constituante.
—	14 juil.	Prise de la Bastille.
—	4 août	Abolition du système féodal et de tous les privilèges en France.
—	8 oct.	Prise de Belgrad par les Autrichiens.
1790	31 janv	Alliance entre la Prusse et la Porte contre l'Autriche et la Russie.
—	14 juil.	Féderation générale des Français.
—	24 juil.	Convention entre l'Espagne et la Gr. Brétagne, touchant les différens du Nootka-Sund.
—	27 juil.	Declarations signées à Reichenbach entre l'Autriche et la Prusse, pour le retablissement de la paix entre l'empereur et la Porte, sur la base du *status quo strict* avant la guerre.
—	14 août	Traité de paix signé dans la plaine de Verele, près de la rivière de Kymené, entre la Russie et la Suede : restitution réciproque de toutes les conquêtes.
—	10 déc.	Convention de la Haye entre l'empereur, l'Angleterre, la Prusse et la Hollande,

		pour la pacification des troubles des Pays Bas ; gaiantie des Pays-Bas en faveur de l'Autriche.
1791	3 mai	Nouvelle constitution de la Pologne.
—	21 juin	Fuite de Louis XVI.
—	4 août	Traité de paix perpétuelle de Sistow, entre l'Autriche et la Porte, conclu sur la base du status quo avant la guerre de 1788 ; restitution de toutes les conquêtes par l'Autriche.
—	14 sept.	Acceptation de la premiere constitution par Louis XVI.
—	1 oct.	Ouverture de l'assemblée legislative de France.
1792	9 janv.	Traité de paix perpétuelle de Yassy entre la Russ. et la Porte : le Dniester établi pour frontière stable et permanente entre les deux empires ; restitution de toutes les conquêtes faites sur la rive droite de ce fleuve par la Russie.
—	20 avr.	Declaration de guerre par la France contre l'Autriche.
—	10 août	Nouvelle révolution de France ; suspension du chef du pouvoir exécutif.
—	21 sept.	Ouverture de la Convention nation. de France.
—	—	Abolition de la royaute ; proclamation de la republique française.
—	sept.	Conquête de la Savoye et du comté de Nice par les Français.
—	6 nov.	Bataille de Gemappe ; conquête des Pays-Bas autrichiens par les Français.

1793	21 janv.		Supplice de Louis XVI.
—	1 fevr.		Declaration de guerre contre le roi de la Grande Bretagne et le Stadhouder des Provinces Unies.
—	7 mars		Déclarat. de guerre par la France contre l'Esp.
—	18 mars		Bataille de Nerwinden ou de Landen.
—	25 mar. et 9 avr.		Declaration d'un nouveau demembrement de la Pologne, faite à la diète de Grodno, de la part des deux puissances co-partageantes, la Russie et la Prusse.
—	31 mai et suiv.		Proscription de plusieurs députés de la convention nationale de France, sous le nom de Girondins et de Federalistes.
—	24 juin		Premier acte constitutionnel presenté au peuple français par la convention nationale.
—	13 juil.		Traite de cession, signé à Grodno, entre la Pologne et la Russie, pour une partie determinée de la Pologne.
—	25 sept.		Traite de cession, signe à Grodno, entre la Pologne et la Prusse, pour une partie determinee de la Pologne : Dantzic et Thorn subissent la domination prussienne.

	Ere des Français.	
— 6 oct.	15 vend. 2.	Introduction de 1 ere republic.
— 10 oct.	19 vend. 2.	Institution du gouvernement révolutionnaire provisoire.

1794	24 mars		Insurrection de Kosciuszko en Pologne contre les Russes.
—	18 avr.	29 germ. 2.	Bataille d'Arlon.
—	26 juin	8 mess. 2.	Bataille de Fleurus.
—	10 juil	22 mess. 2.	Reprise de Bruxelles. } par les Français.
—	27 juil	9 therm. 2.	Chûte de Robespierre et de sa faction.
—	4 oct	. . . . .	Bataille de Macejowice; Kosziusko defait et fait prisonnier par le genéral russe, Fersen.
—	4 nov.	14 brum. 3.	Prise de Maestricht par les Français.
—	—	. . . . .	Sac de Prague auprès de Varsovie.
—	19 nov.	. . . . .	Traité de commerce et de navigation entre la Grande-Bretagne et les Etats-unis d'Amérique.
1795	janv. et février.	nivôse 3.	Conquête de la Hollande par les Français.
—	9 févr.	21 pluv. 3.	Traité de paix de Paris entre la République française et le grand-duc de Toscane.
—	18 mars	. . . . .	Acte de soumission de la Courlande et de la Semigalle envers la Russie.
—	5 avr.	16 germ. 3.	Traité de paix de Bâle entre la République française et le roi de

			de Prusse : évacuation des etats prussiens sur la rive droite du Rhin par les Français.
1795	16 mai	27 floréal 3.	Traité de paix de Paris entre la République française et les provinces-unies des Pays-Bas : abolition du Stadtuderat; alliance offensive et defensive perpétuelle contre l'Angleterre; cession de la Flandre hollandaise, de Maestricht, Venlo et leurs dépendances ; le port de Flessingue rendu commun ; la navigation du Rhin, de la Meuse, de l'Escaut, du Hondt et de toutes leurs branches rendue libre aux deux nations.
—	17 mai	28 floréal 3.	Traité de Bâle entre la République française et le roi de Prusse pour la neutralité d'une partie de l'empire, designée par une ligne de démarcation.
—	12 juin	24 prair. 3.	Prise de Luxembourg.
—	22 juil.	4 therm. 3.	Traité de paix conclu a Bâle entre la République française et le roi d'Espagne : cession de la

			partie espagnole de l'île de St. Domingue.
1795	22 août	5 fructid. 3.	Seconde et derniere constitution de la République française par la Convention nationale.
—	28 août	11 fruct. 3.	Paix de Bâle entre la République française et le Landgrave de Hesse-Cassel.
—	24 nov.	. . . . . .	Stanislas Poniatowsky, dernier roi de Pologne résigne sa couronne.
—	. . . .	. . . . . .	Troisieme et dernier partage de la Pologne entre l'Autriche, la Russie et la Prusse; anéantissement de la Pologne.
1796	10 — 16 avril	21 — 27 germinal 4.	Batailles de Montenotte, de Millesimo, de Mondovi, par les Français.
—	9 mai	20 floréal 4.	Bataille de Lodi.
—	15 mai	26 floréal 4.	Traité de paix de Paris entre la Republique française et le roi de Sardaigne : cession de la Savoie, des comtés de Nice, de Tende et de Beuil; le passage des troupes françaises en Italie rendu libre.
—	7 juin	19 prair. 4.	Premier passage du Rhin près de

			Strasbourg par l'armée de Rhin et Moselle.
1796	3 août	16 therm. 4.	Bataille de Castiglione; par les Français.
—	5 août	18 therm. 4.	Traité de Berlin entre la République française et le roi de Prusse, touchant une nouvelle ligne de démarcation.
—	7 août	20 therm. 4.	Traité de paix de Paris entre la République française et le duc de Wirtemberg: cession de la principauté de Montbéliard, des seigneuries d'Héricourt et de Passavant, du comté de Horbourg et des seigneuries de Riquewir et Ostheim.
—	19 août	2 fructid. 4.	Traité d'alliance offensive et défensive perpetuelle, conclue à St. Ildefonse, entre la Republique française et le roi d'Espagne.
—	5 août	5 fructid. 4.	Traité de paix de Paris entre la Republique française et le marggrave de Bade: cession des seigneuries de Rodemachern et Hesperingen, du comté de Sponheim, de la seigneurie de

			Grevenstein, des bailliages de Beinheim et le Roth.
1796	4 sept.	18 fruct. 4.	Bataille de Roveredo, par les Français.
—	8 sept.	22 fruct. 4.	Bataille de Bassano, par les Franç.
—	15 sept.	29 fruct. 4.	Bataille de St. George, par les Français.
—	sept. et octobre	vendém. 5.	Fameuse retraite de l'armée de Rhin et Moselle.
—	10 oct.	19 vend. 5.	Traité de paix de Paris entre la République française et le roi des deux Siciles.
—	5 nov.	15 brum. 5.	Traité de paix de Paris entre la République française et le duc de Parme.
—	15 etc. déc.	25 etc. frimaire 5.	Bataille d'Arcole, continuée pendant 3 jours consécutifs.
1797	14 janv	25 nivôse 5.	Bataille de Rivoli, continuée le lendemain.
—	16 janv	27 nivôse 5.	Bataille de la Favorite, par les Français.
—	2 fevr.	14 pluv. 5.	Capitulation et prise de Mantoue.
—	9 fevr.	21 pluv. 5.	Prise d'Ancone par les Français.
—	19 fevr.	1 ventôse 5.	Paix de Tolentino entre la République française et le Pape : renonciation du Pape à Avignon et au Comtat ; cession du Fer-

			rarois, du Bolonois, de la Romagne, Ancone reste au pouvoir des Français jusqu'à la paix continentale.
1797	16 mars	26 vent. 5	Bataille et passage du Tagliamento par les Français.
—	23 mars	3 germin. 5.	Prise de Trieste par les Français.
—	5 avr.	16 germ. 5.	Traité d'alliance offensive et défensive, conclu à Turin, entre la République française et le roi de Sardaigne.
—	7 avr.	18 germ. 5.	Suspension d'armes entre les armées française et autrichienne en Italie.
—	18 avr.	29 germ. 5.	Préliminaires de paix, signés à Leoben, entre la République franç. et la maison d'Autriche.
—	18 et 20 avril	29 germ. et 1 floréal 5.	Nouveau passage du Rhin par les armées françaises.
—	14 juin	26 prair. 5.	Révolution de Gênes; installation de la nouvelle république ligurienne.
—	9 juillet	21 mess. 5.	Fédération de Milan; proclamation de la nouvelle république cisalpine, formée de la Lombardie autrichienne, du Bergamasque, du Bressan, du Cré-

			masque et autres portions de l'état de Venise; de Mantoue et du Mantouan, du Modenois, de Massa et Carrara, du Bolonois, du Ferrarois et de la Romagne.
1797	4 sept.	18 fruct. 5.	Déportation de plusieurs membres du Corps législatif et du Directoire de France, déclarés partisans de la royauté.
---	17 oct.	26 vend. 6.	Traité de paix définitif de Campo Formio, près d'Udine, signé entre la République française et l'empereur, roi de Hongrie et de Bohème : cession des provinces belgiques et de la Lombardie autrichienne; partage des états de la république de Venise : Corfou, Zante, Céphalonie, Ste. Maure, Cérigo avec les villes et ports de l'Albanie cédés à la France; l'Istrie et la Dalmatie, les îles de l'Adriatique, la ville de Venise avec les états de Terre-ferme jusqu'à l'Adige, au Tartaro et au Po cédés à l'empereur; reconnais-

1797	21 nov.	1 frim. 6.	sance de la République cisalpine et de ses limites ; anéantissement de celle de Venise ; cession du Brisgau autrichien en faveur du duc de Modene. Installation du corps législatif de la Republique cisalpine.
—	2 déc.	12 frim. 6.	Publication de la nouvelle constitution ligurienne.
—	déc.	frim. et niv.	Congrès de Rastatt.
—	30 déc.	10 nivôse 6.	Reddition de Mayence aux Français.

ERRATA.

P_{AG}. 15. 1235. Grégoire IV, lisez : Grégoire IX.
— 27. 1582. Kiewerowa - Horea , lisez : Kiewerowa-
Horca.